AF309213

PRÉCIS

DE

QUELQUES FAITS RELATIFS A LA CONFECTION

DES

LISTES ÉLECTORALES

DANS LE DÉPARTEMENT DE L'INDRE.

In legibus salus.

PARIS,

Librairie de Sautelet et comp^e,

PLACE DE LA BOURSE.

—

1827.

Imprimerie de David,

BOULEVART POISSONNIÈRE, n. 6, A PARIS.

PRÉCIS

De quelques Faits relatifs à la Confection

DES

LISTES ÉLECTORALES

DANS LE DÉPARTEMENT DE L'INDRE.

In legibus salus.

UNE réunion de citoyens, amis des lois et de la monar-narchie constitutionnelle, craignant de voir dénaturer, par une fausse application, les dispositions bienfaisantes de la loi du 2 mai 1827, s'est chargée, dans le département de l'Indre, comme cela s'est pratiqué dans presque tous les autres départemens, de faciliter à tous les électeurs, et plus spécialement aux électeurs éloignés du chef-lieu, les moyens de se faire porter et maintenir sur les listes électorales. Cette réunion, connue sous le nom de *Société électorale*, a cru de son devoir de demander à l'autorité administrative la radiation des électeurs inscrits sans droit, et de suppléer, autant que possible, à la publicité que la censure avait anéantie dans un moment où cette publicité eût été si nécessaire pour faciliter l'exécution toujours difficile d'une loi nouvelle. Après avoir rempli cette tâche, la Société électorale croit devoir rendre compte à ses concitoyens des faits qui sont parvenus à sa connaissance.

La confection des listes affichées le 15 août dans ce département, ne présentait dans l'arrondissement de Châteauroux qu'un très-petit nombre d'erreurs; mais dans les autres arrondissemens la liste électorale était loin d'offrir une exactitude aussi satisfaisante. Cette circonstance obligea la Société électorale à avoir, dans toutes les parties du département, des correspondans qui, de concert avec elle, sont parvenus à découvrir les erreurs échappées à l'administration dans la confection des listes; erreurs qui ne doivent être attribuées qu'à un défaut de connaissance locale, résultat nécessaire de l'éloignement.

Une première crainte éveilla la sollicitude de la Société électorale. Plusieurs préfets, et entre autres ceux de l'Aveyron, du Cher et du Loiret, ayant déclaré à leurs administrés qu'ils ne devaient pas considérer leurs inscriptions d'office sur la liste électorale comme définitive, et que ces inscriptions devaient être appuyées de pièces justificatives, produites avant la clôture de la liste sous peine de radiation, tandis que d'autres préfets avaient semblé dire le contraire, les membres de la Société électorale de l'Indre, quoique persuadés de l'illégalité de cette prétention, crurent prudent d'en instruire, par une circulaire, les électeurs du département, en les engageant à produire leurs pièces. Peu après, quelques électeurs

— 3 —

ayant écrit à ce sujet à M. le préfet, les réponses de ce magistrat firent disparaître toute crainte a cet égard (1).

(1) « Châteauroux, 4 septembre 1827.

» *Cabinet de M. le préfet. M. Fontenettes, au Blanc.*

» Monsieur, je m'empresse de répondre a la lettre que vous m'avez fait l'honneur de m'écrire le 28 du mois dernier. Si j'ai inscrit votre nom sur la première partie de la liste que j'ai fait afficher le 15 août dernier, c'est pour vous et pour tous les électeurs qui sont dans le même cas, parce que j'ai trouvé dans les documens que je venais de recueillir d'office, des preuves suffisantes de vos droits et des leurs à être inscrits. L'inscription d'un citoyen avec l'arrière-pensée de le rayer de la liste, quand il n'aurait plus le temps de reclamer, est une ruse tout-à-fait indigne du gouvernement d'un roi dont la loyauté brille entre toutes les autres vertus. Vous serez donc maintenu sans production de pièces de votre part, et si votre inscription venait à être attaquee, vous seriez admis avaut tout, et sans nul retard, à produire authentiquement vos preuves contre ce qui aurait été exposé dans la réclamation. Je crois, monsieur, devoir aller ici au-devant de cette réflexion : d'où vient que des préfets disent à leurs administrés de ne pas compter, s'ils ne produisent pas de pièces, sur le maintien de leur nom sur la liste électorale, et que d'autres préfets gardent le silence à cet egard? Les uns et les autres ont agi conséquemment, vu leurs positions diverses. La formation des listes, travail long et minutieux, a cté forcément faite avec beaucoup de précipitation ; tous les préfets n'out pas été également bien secondés, et ainsi tous n'ont pas pu prendre une egale confiance en la bonté du travail; il y a donc loyauté de ceux que l'imperfection de ce premier travail contraint d'en faire serieusement la révisoin, a dire : « Produisez les titres qui établissent vos droits à être maintenus ; » comme il n'y a pas moins de loyauté de la part des préfets qui, ainsi que moi, rassurés sur la régularité du premier travail, ne croient nullement necessaire de demander les duplicata des pièces qu'ils ont pris le soin de recueillir d'office. Vous n'avez point non plus de nouvel extrait d'acte de naissance à produire : une telle production n'est nécessaire à l'admiuistration que lorsqu'il s'agit d'une première

Les électeurs inscrits d'office se sont en presque totalité dispensés de justifier de leurs droits; quelques-uns seulement, pour plus de sûreté, ont fait leurs productions, et les demandes des électeurs omis sur les listes ont fait naître une difficulté: chacun, en déposant ses titres, exigeait un récépissé détaillé. D'abord il en fut délivré, notamment à M. de Bondy, qui déposa ses pièces à la fin d'août.

M. Duris-Dufresne ayant, le 1ᵉʳ septembre, fait présenter ses titres par son fils au secrétariat général de la préfecture, on refusa positivement.

Plus tard on se relâcha de cette rigueur; M. le secrétaire général délivra plusieurs récépissés les 14, 15 et 17 septembre (1).

Bientôt les choses changèrent; MM. Luc-Jean-Baptiste Faguet, Isidore-Luc Faguet, Pierre Chancelay, François-Auguste Bujon et Augustin Turquet ayant exigé des reçus

nscription. Vous pouvez communiquer cette lettre aux électeurs nscrits qui partageraient les doutes qui vous ont engagé à m'écrire.

» Recevez, monsieur, l'assurance, etc. Le préfet de l'Indre, *signé* Locard. »

(1) « Le secrétaire général certifie qu'il a été déposé aujourd'hui dans le bureau du secrétariat général, trois demandes au nom de MM. Robin, de la Châtre, David, de Bellâbre, et Mars Peyrot, d'Argenton, pour établir leurs droits à être compris sur la liste du jury. Châteauroux, ce 15 septembre 1827. *Signé* Desjobert. »

Autre. « Ce 19 septembre 1827, il a été déposé au secrétariat de la préfecture de l'Indre, une demande formée par le sieur Chaimbaud, Pierre, pour établir ses droits de juré; elle était accompagnée de son acte de naissance et de ses trois extraits de rôles. Le secrétaire général, *signé* Desjobert. »

et n'ayant pu en obtenir, firent faire sommation à M. le secrétaire général d'en donner, et firent constater, par acte d'huissier, en date du 4 septembre, et la sommation, et les pièces par eux produites et le refus de M. le secrétaire général (1).

M. le préfet refusa de viser cette sommation en indiquant M. le secrétaire général, qui depuis a donné tous les visa des actes *notifiés* à M. le préfet au sujet des listes électorales.

Toutes les autres productions ont été déposées sans reçu et au moyen d'une inscription non détaillée sur les registres du secrétariat général ; vainement a-t-on demandé instamment que sur ce registre fussent inscrits l'espèce de pièces produites et l'énoncé sommaire de ce qu'elles contenaient ; on n'a pu obtenir que l'inscription du nombre de pièces sans autre désignation ; mais M. le secrétaire général a laissé prendre le numéro d'ordre de leur inscription. Quelques électeurs seulement, entre autres MM. Godard et Muret, porteurs de titres et contrats importans, ayant insisté davantage, ont obtenu l'énumération détaillée des pièces par eux produites.

Maintenant qu'il s'agit de rendre les pièces, l'administration en exige reçu. Chacun applaudirait à cette mesure, si elle eût consenti à donner aux citoyens des garanties qu'elle exige pour elle-même.

Les électeurs, et surtout ceux éloignés de Château-

(1) M. le secrétaire général a répondu qu'il offrait de porter sur le registre à ce destiné, les demandes des sieurs Faguet et autres, et sur l'instance de l'huissier, d'obtenir un récépissé, il a dit que la loi ne l'exigeait pas, et a refusé de signer.

roux, ont eu à souffrir de l'incertitude de l'heure à laquelle ils pouvaient faire inscrire leurs réclamations ; dans les commencemens on entrait à toute heure dans les bureaux de la préfecture, mais les réclamations ne pouvaient être enregistrées au secrétariat général que de dix heures à midi ; bientôt, et à dater du 27 septembre, il ne fut permis d'aborder les bureaux que de midi à deux heures ; passé cette heure, un factionnaire défendait impérieusement l'entrée de la préfecture en criant d'une manière presqu'inintelligible : *C'est fini.*

Le 30, la préfecture a été accessible depuis dix heures jusqu'à minuit ; mais depuis ce temps on n'y entre plus que de dix heures à midi.

Cependant M. le préfet proclamait qu'il ne désirait rien tant que d'éviter les erreurs dans la confection des listes. La Société électorale, confiante dans ses protestations, crut à propos de l'instruire des inexactitudes qu'elle avait cru y remarquer. En conséquence, elle lui écrivit le 10 septembre pour lui signaler quatre-vingt-dix noms que la notoriété publique désignait comme devant faire partie des colléges d'arrondissemens ; dix autres noms, comme devant faire partie du collége de département (1). Cette lettre est restée sans réponse.

(1) *A M. le préfet de l'Indre,* etc... « L'exactitude avec laquelle ont été rédigées les listes des jurés et des électeurs prescrites par la loi du 2 mai 1827, et le désir que vous avez témoigné d'y faire porter tous les citoyens y ayant droit, nous déterminent à vous transmettre des indications qui vous mettront à même de vous procurer les moyens de rectifier le petit nombre d'erreurs que nous avons cru remarquer dans la confection des listes. »

(Suivaient les noms des électeurs à rayer et de ceux a inscrire.)

La Société électorale avait remarqué que M. de Lacotardière père était inscrit sur les listes électorales, comme payant 3,186 fr. 28 cent. On savait qu'il avait abandonné tous ses biens à ses enfans par acte authentique ; que cet acte n'était pas transcrit, mais qu'il était enregistré. Il était dès lors impossible de se le procurer ; seulement, l'art. 58 de la loi du 22 frimaire an 7, accordant aux tiers le droit de compulser les registres du receveur de l'enregistrement, en vertu d'ordonnance rendue sur requête, on résolut d'obtenir extrait de l'enregistrement de cet acte. En conséquence, M. Duris-Dufresne, d'accord avec ses collaborateurs, obtint du juge de paix de Châteauroux, le 11 septembre 1827, une ordonnance en vertu de laquelle il se fit délivrer extrait de la mention d'enregistrement de l'acte de donation de biens de M. de Lacotardière, et immédiatement après, la Société électorale adressa cet extrait dans une lettre à M. le préfet de l'Indre, en date du 14 septembre, en lui demandant justice.

Cependant, le 26 septembre, rien n'annonçait encore que cette lettre fût parvenue à son adresse, et encore moins que la radiation de M. de Lacotardière eût été effectuée ; d'un autre côté, la clôture de la liste approchait, et le doute où l'on était, au sujet de M. de Lacotardière, ne paraissait pas devoir être éclairci avant cette clôture, puisque la liste de rectification du 25 n'avait pas encore été affichée l'avant-veille de la clôture de la liste, quoique l'article 3 de l'ordonnance du 4 septembre 1820 prescrive l'affiche de ces listes dans les dix jours. On crut prudent alors de présenter à M. le préfet une demande régulière appuyée de preuves, et dûment enregistrée au secrétariat général ; à cet effet, M. Dufresne fit demander au receveur d'enregistrement un duplicata de l'extrait déjà délivré, en vertu de l'ordonnance de M. le juge de paix qui l'autorisait à compulser les registres de l'enregistrement. Cette demande était juste et légale ; c'est avec surprise qu'on a vu le receveur de l'enregistrement s'y refuser positivement.

M. Dufresne se proposait de faire légalement constater ce refus et d'en demander justice, lorsque M. Vivier, après quelques difficultés, après un refus formel du juge de paix, est parvenu, grâce à une absence momentanée de ce magistrat, à se faire délivrer, par un de messieurs les suppléans du juge de paix, le 27 septembre, ordonnance portant autorisation de compulser les registres de l'enregistrement au sujet de l'acte de démission de biens de M. de Lacotardière. De ce moment, c'est au nom seul de M. Vivier qu'ont été faites les démarches relatives à M. de Lacotardière. Sur la présentation de l'ordonnance du suppléant de M. le juge de paix, le receveur de l'enregistrement refusa l'extrait demandé ; ce refus fut suivi, le 27 septembre, d'une sommation dans laquelle est consignée le nouveau refus du receveur, motivé sur ses grandes occupations qui ne lui permettaient pas de délivrer l'extrait avant les premiers jours du mois d'octobre (1).

(1) « M. le receveur a répondu que ses occupations ne lui permettaient pas d'obtempérer à la présente sommation, attendu la longueur de l'extrait dont on ordonne la délivrance, ce qu'il ne pourra faire que dans les premiers jours du mois prochain. Sommé de signer sa réponse ou de viser mon exploit, a déclaré ne vouloir faire ni l'un ni l'autre. »

Alors, afin que M. le receveur de l'enregistrement ne pût ni prétendre ignorer l'urgence, ni prétexter une impossibilité par suite de ses occupations, le 28 septembre 1827, M. Vivier, par le ministère d'un huissier accompagné d'un copiste, lui fit faire une nouvelle sommation qui fut suivie de nouveaux refus de M. Mignot (1).

Une plainte contre M. Mignot, dans laquelle les mem-

(1) « A la requête du sieur Vivier Deslandes, ... j'ai, huissier . . . . signifié et déclaré à M. Mignot, receveur de l'enregistrement, attendu que sa réponse à ma sommation d'hier, faite à la requête du requérant, porte que le motif de son refus de délivrer sur-le-champ l'extrait dont il s'agit à ladite sommation est que son temps ne lui permet pas de le faire avant les premiers jours du mois prochain ; attendu cependant que le requérant a le plus grand intérêt à obtenir cet extrait sur-le-champ, puisqu'il veut en faire usage avant minuit du 30 septembre pour réclamer de M. le préfet de l'Indre la radiation de M. Robin de Lacotardière père, indûment porté sur la liste du collége électoral de département, et y faire arriver, par cette radiation, toute autre personne y ayant droit.

» Attendu que si ledit extrait n'était pas délivré de suite, la demande ne pourrait plus être formée ni motivée avant la clôture des listes électorales, qui aura lieu le 30 septembre à minuit, je lui présentais pour copiste la personne du sieur René Sallé, demeurant à Châteauroux, qui offre de faire le relevé du registre de l'enregistrement en ce qui concerne l'acte énoncé en la requête du requérant ; sommant mondit sieur Mignot d'accepter ledit copiste, ou de fournir par lui-même l'extrait demandé ; lui déclarant qu'en l'un et l'autre cas le requérant offre de payer les dus et droits qui lui seront réclamés.

» M. Mignot a répondu qu'il persistait dans la réponse faite hier à ma sommation, et qu'il ne pouvait admettre une personne étrangère dans son bureau. Sommé de viser mon exploit ou de signer sa réponse, il a dit ne le vouloir. »

bres de la Société électorale se portaient parties civiles,
allait être envoyée à ce sujet à M. le procureur du Roi ;
une requête, afin d'obtenir permission de poursuivre,
conformément aux lois, le receveur de l'enregistrement
de Châteauroux, allait être adressée au conseil d'état, lorsqu'enfin le 29, à trois heures du soir, l'apparution sou-
daine des listes de rectification du 25 a rendu sans objet
les poursuies contre le receveur de l'enregistrement, en
apprenant que M. de Lacotardière père ne faisait plus
partie des électeurs.

On s'est demandé cependant, en voyant ces expressions
en note de la radiation de M. de Lacotardière (*il a justifié de l'abandon de ses propriétés à ses enfans*), s'il a
prévenu ou appuyé les démarches de MM. Duri-Dufresne,
Vivier et autres ; et dans tous les cas, comment expliquer
le silence du préfet et les refus de M. le receveur d'enregistrement, à moins que la fatale couleur de l'enve-
loppe du dossier de M. de Lacotardière n'ait porté jusque
dans les bureaux de M. Mignot l'influence funeste de sa
malheureuse réprobation (1) ?

Une autre considération non moins puissante détermina
à n'exercer aucune poursuite contre M. Mignot ; le cour-
rier du 5 octobre lui avait apporté l'ordre de se rendre,
SANS DÉLAI, à plus de cent lieues de Châteauroux, à Epinal,

______

(1) Toutes les pièces de réclamation qui étaient présentées par
l'intermédiaire de la Société électorale étaient, afin d'éviter des
désordres ou confusions de pièces, mises en dossier et revêtues d'un
modeste uniforme en papier gris ; on n'a pas tardé à s'apercevoir
qu'il était utile de supprimer l'uniforme.

département des Vosges, pour y prendre possession du bureau de cette ville. On assure que les formes impérieuses et pressantes de cet ordre sont très-étrangères aux habitudes régulières et lentes de l'administration de l'enregistrement; quoi qu'il en soit, la curiosité publique s'est demandée, fort indiscrètement sans doute, si c'était une disgrâce ou un avancement, si c'était une punition d'avoir délivré le premier extrait, ou une récompense d'avoir refusé le second.

La Société électorale s'était procuré la preuve que le sieur Vollant-Bidron, originairement inscrit sur les listes électorales comme payant 991 fr. d'impositions, avait vendu son établissement manufacturier par acte authentique du 2 octobre 1826, et que l'impôt de cet immeuble, ainsi que celui d'une grange vendue à M. Godard par acte passé chez M. Huard, notaire, le 24 avril 1826, étaient compris dans les 991 fr. d'impositions attribuées à M. Vollant-Bidron. En conséquence la Société électorale adressa le 30 septembre une requête enregistrée au secrétariat général de la préfecture sous le n° 199, par laquelle on demandait qu'il fût distrait des impositions attribuées à M. Vollant-Bidron, celles grevant l'établissement et la grange par lui vendues. Cette demande, appuyée de pièces justificatives, n'a été suivie d'aucun arrêté, du moins les signataires n'ont reçu aucune notification, et le dernier tableau de rectification ne contient aucune mention relative à M. Vollant-Bidron.

Des documens positifs ayant appris que M. Pajot de Marcheval, directeur des contributions indirectes, avait quitté le département de l'Indre depuis dix mois, pour aller exercer les mêmes fonctions dans le département de l'Oise; qu'il était porté sur les listes électorales de ce département, sous le n° 113, la Société électorale adressa le 30 septembre à M. le préfet, une demande enregistrée au secrétariat général sous le n° 192, afin d'obtenir la radiation de M. de Marcheval des listes électorales de l'Indre (1).

(1) « *A M. le préfet de l'Indre.*

« Les soussignés, électeurs, ont l'honneur de vous signaler les faits suivans : M. de Marcheval a quitté, il y a dix mois, le département de l'Indre pour aller exercer ses fonctions dans le département de l'Oise; la présomption légale est qu'il a transféré son domicile civil et réel dans le département où il habite aujourd'hui. Aux termes de l'article 3 de la loi du 5 février 1817, le domicile politique suit le domicile réel, s'il n'y a déclaration contraire. M. de Marcheval, ne se trouvant pas dans le cas exceptionnel, a transféré son domicile politique dans le département de l'Oise; il y aurait contradiction à le maintenir sur les listes électorales du département de l'Indre. M. de Marcheval n'a aucun droit à être inscrit sur les listes du département de l'Indre, son domicile réel n'étant pas dans ce département; il faudrait, aux termes de l'article 3 de la loi du 5 février 1817, pour qu'il pût y établir son domicile politique, qu'il y payât des contributions directes; or, M. de Marcheval ne paie plus d'impositions directes dans ce département; il n'y a jamais payé que des impositions personnelles et mobilières, et, ayant quitté le département avant le renouvellement de l'année, il n'a pu légalement être imposé pour l'année courante dans un département qu'il a cessé d'habiter. En outre, M. de Marcheval est désigné sur les listes électorales comme payant des impositions foncières dans le département d'Eure-et-Loir. Il résulte, des documens qui nous sont parvenus, que, de quarante-trois communes dans lesquelles M. de Marcheval a déclaré payer des impôts, dans les unes on n'a rien trouvé qui puisse motiver cette allégation, dans les autres on a trouvé seulement quelques

Cette demande étant restée sans réponse et les signataires n'ayant reçu la notification d'aucune décision le 11 octobre, la Société a adressé à M. le préfet une demande signifiée par acte d'huissier, par laquelle elle réclamait la notification de l'arrêté qui avait dû être pris en réponse à la demande relative à la radiation de M. de Marcheval. Cette nouvelle réclamation est aussi restée jusqu'à ce jour sans réponse (1).

---

impositions sous le nom de madame veuve Vallier d'Arnouville, que l'on suppose être sa belle-mère; ce qui donne à penser que cette dame aurait pu faire une délégation au profit de son gendre; si cela était, nous croirions devoir vous prévenir que M. de Marcheval a un fils. «

(1) «Les soussignés ont l'honneur de vous exposer qu'ils ont fait déposer le 30 septembre au bureau de M. le secrétaire général, une demande en date du même jour, enregistrée sous le n° 192, tendante à obtenir la radiation de M. Pajot de Marcheval des listes électorales, par le motif que cette personne ayant transféré son domicile réel dans le département de l'Oise, son domicile politique s'y trouvait aussi transporté, aux termes de l'article 3 de la loi du 5 février 1817; et par autres motifs déduits en cette demande. Les cinquièmes tableaux de rectification, par leur silence au sujet de M. de Marcheval, font soupçonner aux soussignés que leur demande a été rejetée. Leur intérêt à connaître positivement cette décision et les motifs qui l'ont fait rendre est aussi manifeste que leur intérêt à la provoquer. Ce qui intéresse l'ordre public intéresse directement chaque citoyen en particulier; or, il est de l'intérêt de l'ordre public qu'un électeur ne figure pas sans droit sur les listes électorales; c'est une illégalité; donc, chaque électeur et chaque citoyen français, même non électeur, a le plus grand intérêt à obtenir la réformation, parce que les conséquences de cette inscription ont une influence majeure sur la composition du collége électoral de département, et par suite sur le résultat du vote électoral; au surplus, l'inscription,

La Société a encore eu à réclamer la radiation de
M. Gaudon, avoué au Blanc, qui était porté sur les listes
électorales d'arrondissement comme payant 311 fr. 75 c.
d'impositions, quoiqu'il eût vendu par acte authentique la
plus grande partie de ses propriétés; en conséquence le
28 septembre la Société fit notifier à M. le préfet, par
acte d'huissier, une demande afin d'obtenir la radiation de M. Gaudon, et à l'appui de cette réclamation
un extrait de l'enregistrement de l'acte de vente délivré
par le receveur du Blanc en vertu d'ordonnancedu juge de
paix rendue sur requête; les listes de rectification du
30 septembre ont appris qu'il avait été fait droit à cette
demande. La notoriété publique désignait M. Delaleuf,
receveur général à Châteauroux, comme induement porté
sur les listes électorales du département, parce que ses
impositions, s'élevant en total à 1,722 fr. 55 c., étaient

sur les listes électorales, d'un électeur qui s'y trouve porté sans droit,
lèse les intérêts d'un électeur qui devrait y figurer a sa place, et, sous
ce rapport, on ne peut contester à cet électeur l'intérêt et le droit de
demander la radiation d'un électeur injustement porté sur les listes
électorales. Ainsi, les soussignés ont eu droit de vous transmettre
leur demande du 30 septembre; ils avaient intérêt à ce que l'arrêté
pris au sujet de cette demande, fût notifié a l'un des signataires de
ladite réclamation, afin de connaître votre décision, et d'user, s'il y
avait lieu, des moyens de pourvoi autorisés par la loi; cette notification, d'ailleurs, devant être, aux termes de l'art. 3 de l'ordonnance du
27 juin 1827, immédiatement faite aux parties intéressées, les
soussignés vous supplient de notifier au moins a l'un des signataires
de la demande du 30 septembre précité, l'arrêté par vous pris au
sujet de cette demande; duquel arrêté communication sera donnée
aux autres signataires par celui qui en recevra communication. »

composées de 900 fr. payés dans le Calvados. Les renseignemens p is dans ce département ayant appris qu'il n'existait à la direction des contributions du Calvados aucune
imposit on sous le nom de M. Delaleuf, la Société fit part
de ces documens à M. le préfet, et à cet effet elle lui écrivit le 3o septembre une lettre qui est restée sans réponse
et n'a produit aucun résultat (1).

On avait rema qué aussi que M. Pourcher, percepteur
à Luçay, était inscrit pour une somme de 1178 fr. 96 c.
dont 981 fr 84 c. de patente Il ét.it notoire que M. le
prince de Talleyrand était seul propriétaire de l'usine pour
l'exploitation de laquelle était prise la patente de 981 fr.
84 cent., attribuée a M. Pourcher; on savait que c'était
pour le compte du propriétaire que M. Pourcher faisait
exploiter cette usine comme simple agent. Une lettre
à ce sujet fut adressé , dans le courant de septembre ,
au prince de Talleyrand pour le prier de faire rectifier

(1) « Présumant que par une suite de cet esprit d'équité qui vous
a animé dans la confection des listes électorales de l'arrondissement de
Châteauroux, vous vous empresserez d'accueillir avec bienveillance
les renseignemens de nature à faire rectifier quelqu'erreur, nous
prenons la liberté de vous signaler les faits suivans :

» Il résulte de renseignemens positifs qui nous sont parvenus
du département du Calvados, que le nom de M. Delaleuf est
entièrement inconnu dans ce département; qu'à la direction des
contributions du département du Calvados, on assure ne connaître
personne du nom de *Laleuf*, ou *Delaleuf*, inscrit sur le rôle.

» En supposant , ce que nous ignorons, que la belle-mère de
M. Delaleuf ait des propriétés dans ce departement, il nous serait
superflu de vous rappeler que le seul acte qui pût autoriser M. Delaleuf à prendre ses impôts , serait une delégation *régulière*, et que
madame Brochant de St-Félix, belle-mère de M. Delaleuf, a plusieurs
petits-enfans mâles, »

cette erreur; la Société avait écrit aux mêmes fins à M. le préfet de l'Indre. Soit que cette démarche ait réu si à faire retrancher de la cote des contributions de M. Pourcher la patente de maître de forges, soit que MM. Pourcher et Talleyrand aient personnellement produit leurs réclamations, d'après les listes de rectification du 30 septembre, le montant de la patente paraît avoir été retranché des impôts de M. Pourcher, car il a été rayé du collége de département.

La Société répondait aux questions électorales qui lui étaient soumises; elle s'occupait aussi de stimuler les productions de ceux qui prétendaient avoir droit à être inscrits sur les listes; elle engageait les électeurs à présenter, autant que possible, eux-mêmes leurs productions. Ceux seulement que leurs affaires ou d'autres motifs mettaient dans l'impossibilité de rassembler les preuves de leurs droits électoraux et de présenter eux-mêmes leurs pièces à la préfecture, ont été entièrement remplacés par les membres de la société ou leurs correspondans; les autres ont individuellement suivi leurs réclamations.

De cinquante-quatre productions faites par l'intermédiaire de la Société, vingt-quatre étaient des justifications transmises par les correspondans, prouvant le droit d'électeurs déjà inscrits; vingt-cinq étaient des demandes afin d'admission au collége électoral d'arrondissement; trois étaient des demandes afin d'admission au collége de département, les réclamans étant déjà inscrits d'office sur la liste du collége d'arrondissement; et deux enfin étaient des demandes afin d'admission au collége d'arrondissement et de département.

, Parmi les demandes afin d'admission au collége d'arrondissement, onze ont été accueillies, quatorze ont été rejetées. Deux personnes, en produisant les pièces justificatives de leurs inscriptions à la liste, ont été rayées; toutes les demandes afin d'admission au collége électoral de département ont été rejetées.

Noms des personnes qui demandaient à être admises au collége d'arrondissement et dont les réclamations ont été rejetées.

Reignier, de Châteauroux.
Basset-Bonjoin, *idem*.
Suard-Lessieux, *idem*.
Huard-Blanchard, d'Argenton.
Château jeune, *idem*.
Brunet-Pinault, *idem*.
Thomas Villiers, de Claize
Doucet, de Martizay.
Bernard Silvain, de Saint-Benoît.
Delage Silvain, de Levroux.
Turmeau Gilles, *idem*
Pouradier Nouzier, de Briantes.
Maillet (Théodore), du Blanc.
Debaral aîné, d'Argenton.

Ce dernier demandait en outre à être admis au collége de département, cette demande se trouve rejetée par le refus d'admission au collége d'arrondissement.

Noms des électeurs admis au collége d'arrondissement , rejetés du collége de département, et qui demandaient à être inscrits aux deux colléges.

Delage-Delouche, d'Argenton.
Vergne-Barbaud, de Cluis.

Liste des électeurs maintenus au collége d'arrondissement où ils étaient inscrits d'office , mais rejetés du collége de département où ils demandaient à être admis.

Jevarba-Fombelle , du Blanc.
Letellier, de la Châtre.
Gallerand, *idem.*

Noms des électeurs inscrits d'office qui ont produit des pièces justificatives de leurs inscriptions, et qui ont été rayés.

Mallard-Marcel, de Châtillon.
Tayon-Dessausais, de Briantes.

M. Mallard-Marcel, de Châtillon , inscrit d'office pour 346 francs , a produit des pièces attestant qu'il payait 312 fr. 52 c.; il a été rayé de la liste électorale.

M Tayon-Dessaussais, de Briantes, près la Châtre , inscrit d'office pour 553 francs 81 cent., a justifié qu'il ne devait être porté que pour 390 fr. 24 cent., et que le surplus de ses impositions devait être compté à M. Pouradier-Nousier, son beau-frère, avec qui il avait acheté de communauté, par acte authentique joint aux pièces, une propriété dont l'impôt était à tort à attribué à M. Tayon-Dessausais seul. M. Pouradier demandait, au moyen de sa part dans l'impôt de cette propriété réuni à trois autres extraits formant en total 3 19 fr. 66 cent. d'impositions, à être porté sur les listes électorales d'arrondissement. La demande de M. Pouradier-Nousier a été rejetée; M. Tayon-Dessausais a été rayé de la liste. Ce dernier avait, en 1824, été aussi porté d'office, puis rayé, et l'arrêté de radiation notifié après la clôture de la liste, ce qui avait ultérieurement paralysé toute réclamation de sa part.

Plusieurs arrêtés, notifiés aux parties, ont été transmis à la Société électorale. On y remarque une grande diversité de jurisprudence.

L'administration avait fait imprimer les protocoles des extrai.s et certificats à délivrer par les percepteurs; en tête de ces imprimés se trouvait l'âge des contribuables. La plupart des électeurs ont cru que cette mention, dûment attestée par le percepteur et certifiée véritable par le maire, les dispensait de produire leur acte de naissance. Chacun se demandait à quoi bon ce certificat, s'il ne devait faire foi de l'âge du contribuable, et cependant, pour certains réclamans, on s'est contenté de ce te attestation; pour les autres on a exigé la production de l'acte de naissance, et à défaut de cet acte on a rejeté les demandes. On a remarqué aussi qu'à l'égard de certaines productions, l'administration a regardé le certificat du percepteur attesté véritable par le maire, comme suffisant pour prouver la mutation de propriété, tandis qu'à l'égard de beaucoup d'autres on a exigé l'acte qui avait opéré la mutation de propriété.

M. Moreau , ex-notaire à Châteauroux, qui avait mo-
mentanément transféré sa résidence à Paris, mais qui n'y
avait jamais fait déclaration de translation de domicile
politique, enfin qui récemment est revenu habiter Châteauroux, a réclamé son admission sur les listes électorales
de l'Indre. On a rejeté sa demande, faute par lui d'a-
voir fait une déclaration de translation de domicile à Châteauroux; le préfet de la Seine avait refusé, en 1824 , de
l'inscrire, attendu qu'il n'avait fait aucun acte de translation de domicile à Paris Où cet électeur peut-il exercer
ses droits ?

M. Pajot de Marcheval , dont on a précédemment parlé,
directeur des contributions indirectes , ci-devant à Issoudun (Indre) et aujourd'hui à Clermont (Oise), a été porté
sur les listes électorales du département de l'Indre , où il
ne paye aucune contribution foncière , quoique son domicile réel ait été transféré dans un autre département et
maintenu sur ces mêmes listes , malgré les nombreuses
réclamations parvenues à l'autorité.

M. Fix, directeur de la régie de l'enregistrement et
des domaines, par le seul fait de la translation très-récente
de son domicile réel dans le département de Loir-et-Cher,
et l'acceptation des fonctions de directeur de l'enregistrement de Blois, a été rayé des listes électorales de l'Indre,
où il avait été porté d'office, quoiqu'il paie des contributions foncières dans ce départemens.

M. Debaral habite le département de l'Indre notoire-
ment depuis seize ans. Il a fait, à la mairie d'Argenton,
de 16 décembre .1817, une déclaration de translation de
domicile ; il est imposé à Argenton pour une cote person-

nelle de 3 fr. 10 c., art. 60. Cependant sa demande afin d'admission sur les listes électorales, en date du 28 septembre, a été rejetée par arrêté du 29, par le motif qu'il n'a pas son domicile réel dans le département; qu'il possède, dans le département de l'Isère, commune du Voiron, une maison de résidence (c'est une maison de blanchisserie); en outre parce qu'il n'a pas fait à la préfecture de déclaration de changement de domicile politique; enfin parce qu'il n'a pas présenté avec ses pièces une demande régulière signée par lui ou par un fondé de pouvoir; et cependant ses pièces ont été inscrites sur le registre des demandes sous le n. 142; et cependant il a été rendu une décision sur ses productions; et cependant la plupart des productions, même de celles admises, entr'autres celles de MM. Porcher-Labreuille, Pinault, etc., ont été présentées sans demandes.

Les décisions relatives à MM. Debaral, Reignier, et à plusieurs autres, ont donné lieu à des pourvois et appels : M. Devaux, au nom du barreau de Bourges, et M. Dalloz, avocat au conseil d'état, ont donné à la Société électorale l'assurance qu'ils s'engageaient à suivre les appels et pourvois sans rien exiger que les déboursés les plus indispensables : encore M. Dalloz se charge-t-il même de l'impression gratuite des mémoires à publier, le tout afin de ne pas éloigner par la crainte de dépenses considérables des réclamations bien fondées. La Société se fera un devoir de leur transmettre les pourvois ou appels des électeurs, et de répondre à leur généreux désintéressement, en rivalisant de zèle avec eux pour faciliter aux électeurs les moyens d'obtenir justice.

Plusieurs réclamations ont été rejetées en ces termes :
« *Il n'y a lieu , quant à présent, et jusqu'à plus amples* » *justifications, à admettre le réclamant.*» Une partie de ces décisions ont été signifiées après la clôture de la liste. Il est vrai que les li,tes de rectification du 25 auraient dû , par leur silence relatif à certains électeurs, mettre les réclamans à même de faire de nouvelles et plus amples productions ; mais les listes n'ont été affichées à Châteauroux *que le 29, à trois heures du soir* , et par conséquent dans les arrondissemens, surtout dans les communes rurales éloignées , que quelques jours après , c'est-à-dire à une époque où les productions ultérieures étaient impossibles avant la clôture de la liste. Cette publication tardive a été légalement constatée par la sommation de communiquer ces listes faites au maire de Châteauroux , le 28 septembre , à trois heures du soir (1).

Quant aux arrêtés contenant rejet jusqu'à productions suffisantes , ceux de ces arrêtés qui n'ont été connus des

(1) « A la requête de MM. Godard aîné, Muret-Debort, Vivier-Deslandes, Bertrand-Boislarge, Duris-Dufresne, Delouche-Pémoret, Paul Duhail ; je , huissier...... me suis transporté, accompagné de MM. Godard, Vivier et Delouche-Pémoret, agissant tant pour eux que pour les autres requérans, à l'hôtel de la mairie de Châteauroux, où , parlant à M. Basset, adjoint, j'ai déclaré à M. le maire, qu'aux termes de l'article III de la loi du 2 mai dernier, il doit être publié le 15 août de chaque année , une liste contenant toutes les personnes qui doivent faire partie du jury et des colléges électoraux, un exemplaire de laquelle liste doit être déposé au secrétariat de chaque mairie pour être communiqué a toutes les personnes qui le requièrent ;

» Qu'aux termes de l'article 3 de l'ordonnance royale du 4 septembre

parties que par des notifications postérieures à la clôture de la liste, ont donné lieu à de nouvelles productions faites à la préfecture, avec nouvelles demandes, afin d'inscription.

M. Turmeau-Gilles, de Levroux, qui se trouvait dans ce cas, a, le 15 octobre, fait déposer de nouvelles pièces, avec demande d'inscription sur les listes électorales; sur la simple présentation des pièces, elles ont été enregistrées. Le résultat de cette demande n'est encore pas parvenu à la connaissance de la Société électorale.

Les listes du 30 septembre, qui ont été affichées le 5 octobre, contenaient aussi plusieurs inscriptions nouvelles dont la Société électorale a cru devoir réclamer la radiation de M. le préfet. Malgré la clôture de la liste, l'inscription n'ayant pu être connue avant cette clôture, la Société électorale n'a pas jugé à propos de s'adresser

1820 , à laquelle il est référé par l'article IV de l'ordonnance du 27 juin dernier, un tableau de rectification doit être publié de la même manière tous les dix jours;

» Que la liste générale ayant été publiée le 15 août dernier, un tableau de rectification a été publié sous la date du 15 septembre courant; que les requérans ont intérêt de connaître les changemens, additions et rectifications portés sur le tableau qui a dû être affiché le 25 de ce mois;

» Pourquoi j'ai sommé M. le maire, en parlant comme dessus, de donner aux susnommés communication du tableau qui a dû être déposé comme il est dit ci-dessus, au secrétariat de la mairie, et dont ils n'ont pu trouver l'affiche aux lieux accoutumés. Lequel, en parlant comme dessus, a fait réponse *qu'il était dans l'impossibilité de communiquer la liste dont il est question, puisqu'elle n'a pas encore été transmise à la mairie, et il a signé, pour le maire, absent, signé BASSET. »*

au conseil d'état, parce qu'il n'existait aucun arrêté motivé duquel elle pût demander la réformation, et parce
qu'elle a cru prudent d'épuiser le premier degré de juri-
diction avant de s'adresser à l'autorité supérieure.

En conséquence, le 11 octobre, la Société électorale a
fait signifier à M. le préfet une demande tendante à la
radiation de M. Beausire (Paul-Hector), inscrit sur le
cinquième et dernier tableau de rectification, affiché le
5 octobre, comme payant 450 francs de contributions foncières dans le département de l'Indre, sans aucune autre
espèce d'impositions, ni dans l'Indre ni ailleurs. La Société a produit, à l'appui de sa demande, un extrait de la
matrice des rôles, délivré à la direction des contributions,
attestant que M. Beausire ne paie que 24 francs dans le
département de l'Indre (1).

A cette pièce était joint un autre extrait attestant que
madame veuve Beausire, mère du contrôleur de ce nom,
ne payait que 8 francs 65 centimes d'impositions, et la
preuve que le beau-père de M. Beausire était vivant, puis-

(1) « Extrait de la matrice du rôle unique des quatre contributions
directes de la commune d'Issoudun, pour l'an 1827, article 232.
M. Beausire, Paul-Hector, contrôleur des contributions directes aux
Quatre-Vents. Contributions personnelles et mobilières. Taxe
personnelle, 3 francs 54 c.; taxe mobilière, 20 fr. 46 c.; avertisse-
ment 05 c.; total la somme de 24 fr. 05 c. Le directeur des contributions directes certifie l'extrait ci-dessus conforme à la matrice;

» Certifie en outre que M. Beausire sus dénommé, n'est porté sous
son nom personnel *pour aucune autre contribution que ce soit
dans les rôles d'aucune autre commune de ce département, pour
l'an 1827.* A Châteauroux, ce 6 octobre 1827. Pour le directeur des
contributions en congé, signé Barrey. »

qu'il était inscrit sur le même tableau de rectification, sous
le n· 312, ce qui excluait toute idée possible d'une délégation d'impositions, faite au profit de M. Paul Beausire.

La Société électorale a encore réclamé de M. le préfet
la réduction des impositions attribuées à M. Falaise, qui se
trouve aussi inscrit sur les listes de rectification du 30
septembre, comme payant en total 1,214 fr. 94 cent.
d'impositions, dont 625 dans le département d'Indre-et-
Loire. Il est de notoriété publique, à Châteauroux, que
les propriétés que M. Falaise a possédées dans le départe-
tement d'Indre-et-Loire avaient été recueillies par lui dans
la succession d'un de ses oncles; que ces propriétés ont
été, sous son nom et par des mandataires, vendues en
détail, en presque totalité, dans le courant des mois de
mai et juin 1825 et 1826; que le produit de ces ventes,
passées toutes devant M· Drouin, notaire à Champigny,
s'élève à environ 100,000 francs; enfin qu'il reste encore
un dixième de ces propriétés non vendues. C'est en vertu
de ces ventes que la Société électorale a demandé la réduction des impositions payées par M. Falaize dans le
département d'Indre-et-Loire, d'environ neuf dixièmes,
en lui donnant connaissance de cette démarche, qui aurait pour résultat de le faire éliminer du collége de département.

Cette demande et la précédente ayant été portées à la
préfecture le 10 octobre, avec la pétition tendante à obtenir la notification de l'arrêté pris à l'égard de M. Pajot
de Marcheval, on a refusé verbalement de les inscrire,
attendu la clôture de la liste électorale et la clôture du

registre destiné à inscrire les demandes relatives aux élec_
tions. Cette circonstance a nécessité la notification à
M. le préfet, par acte d'huissier, des trois demandes
dont nous venons de parler.

Les membres de la Société électorale espèrent plus de
succès de ces demandes que de celles précédentes, dans
ce sens qu'ils se flattent que leurs droits et leurs intérêts
ne seront plus méconnus, et qu'on ne se refusera pas
plus long-temps à leur notifier les réponses ou arrêtés
dus, aux termes de l'ordonnance du 15 juillet 1821, à
tout électeur réclamant ; dus aussi à tout Français ma-
jeur, d'après le droit qu'a tout citoyen de solliciter le
maintien des lois et de l'ordre public ; en d'autres termes,
de réclamer la justice, dont le déni prolongé constitue
un crime prévu et puni par nos lois pénales.

Electeurs de l'Indre, si la Société électorale de ce département a peu fait pour le maintien de vos droits, elle a
du moins cette consolation de n'avoir rien négligé de ce
qu'il lui était possible de faire dans vos intérêts !

Châteauroux, le 16 octobre 1827.

GODARD aîné; DURIS-DUFRESNE; L. MURET
DE BORT; L. BERTRAND-BOISLARGE ,
P. DUHAIL; A. DELOUCHE-PÉMORET ;
VIVIER-DESLANDES.

FIN.

www.ingramcontent.com/pod-product-compliance
Ingram Content Group UK Ltd.
Pitfield, Milton Keynes, MK11 3LW, UK
UKHW021708090726
13657UKWH00005B/2117